AMAPOLA,

LINDÍSIMA

AMAPOLA

MARITÉ GREGORI / SUSANA GREGORI

Fotografía

GABY GAUTO

PRÓLOGO

En uno de esos períodos en que el alma se remueve desesperadamente buscando sosiego y compañía, mi hermana Marité y yo nos fundimos en los recuerdos familiares escribiendo versos, completando estrofas, discurriendo sobre sensaciones, olores y sabores de nuestras vidas. Así surgieron estos poemas, unos suyos, otros míos y algunos, una hibridación de ambas.

Las imágenes que los acompañan son su génesis y también los testigos sin tiempo de un pasado que es presente y también futuro para varias generaciones.

Nuestra madre, que fue puntal y ejemplo, es la inspiración que silenciosa y profunda nos acompañó durante este período. En el dolor de su partida reafirmamos el valor central de la familia para la vida.

DEDICATORIA

A la familia
que nos habita con o sin permiso

CONTENIDO

Comenzar   Pág. 7

Casa de niños   Pág. 11

La Soledad   Pág. 17

Los Hermanos   Pág. 21

Por siempre pequeña   Pág. 25

Mi hijo   Pág. 29

Los primos   Pág. 33

Hojas Amarillentas   Pág. 37

La Vejez   Pág. 41

Mamá   Pág. 45

Papá   Pág. 49

De ella a él   Pág. 53

La muerte   Pág. 55

Sentir la vida   Pág. 59

Las manos   Pág. 61

La vida continúa   Pág. 65

Mi primer nieto   Pág. 69

AGRADECIMIENTOS

A Gaby Gauto que con su arte de fotografiar nos hace revivir la magia de los espacios compartidos.

A Tere Salamunovic por el diseño y engranaje de todas las piezas que dieron vida a la obra.

COMENZAR

Las buenas historias son hijas del amor,
como toda belleza fútil o perenne,
del sol.

Nuestra vida nació así,
de un amor como los de antes,
vecinos que pasean por la vereda
se roban un saludo, una mirada,
acaso un beso.

Ella, hija de inmigrantes esforzados,
artesanos del sacrificio;
él, español recién llegado,
de una España humilde, vapuleada y carente,
asombrado, aventurero,
ajeno a la realidad tosca de la tierra por arar.

Los mayores aprobaron la boda,
y los jóvenes, cual dos extraños que aceptan su destino
levantaron un hogar muro por muro.
Unos muros, cobijo de la cría;
otros, diferencias infranqueables de dos almas
que anidan.

Discreción visible,
pasión secreta, registrada en cartas ajadas
que nos regala el tiempo,
fusión de seres tenaces y soñadores.

Elegidos por el designio natural
de procrear y criar,
con un amor nacido del mandato y la moral,
dieron su fruto
a unas vidas signadas por un tiempo sin urgencia
y un quehacer establecido,
simple, cotidiano y agreste.

Ella, persistente y fiel,
guardiana del tiempo,
sus hijos, su propósito y su mayor orgullo;
él, con el corazón siempre amarrado
al otro lado del océano, estando aquí y allá,
soñador de grandes empresas,
que percibía esquivas por voluntades ajenas.

Ella, hermosa y culta,
su corazón latía con las letras y los libros,
se sumergía en mundos ajenos a la gente.
Él, encantador y huidizo a la perseverancia,
maestro de relaciones y placeres.

Ella lo amaba como se ama al único hombre de una vida.
Él, con la sabiduría del que reconoce la virtud hecha alma.

CASA DE NIÑOS

El sol siempre estampado en las cosas,
sobre las hojas de las plantas,
filtrándose por alguna esquina de la ventana,
en la tapa del libro distraído,
en la claraboya de la cocina fecunda.

Así era la casa, pura luz, todo calor de insistente verano,
a la siesta, un silencio sin dimensión de tiempo,
alguna nota descolgada de la armónica del heladero,
la cortina del patio resonando al paso de la brisa,
o de un gato enamorado del muro.

El patio de verano bufando un vaho espeso,
en el silencio sagrado de la siesta,
los niños caminan en puntitas,
inventan juegos mudos,
no hay que despertar a las culebras.

A las cinco de la tarde, los amigos atentos
sobre el piso de cuero de la sala fresca,
el olor compartido de la leche con banana,
Los Supersónicos pasan volando
y la payana espera su próximo turno.

La niña más pequeña y más hermosa llora a las siete,
su llanto nos alcanza,
su madre la acoge y la calma,

todos estamos juntos,
y a veces, no tanto,

pero siempre el agua nos devuelve a este sitio y a aquel otro,
el lejano.
El porche, espectador silencioso,
testigo de historias de amores y dolores,
juegos de estancia,
tertulias infinitas con sabor a dulce de leche,
y los sueños truncos de la amiga Laura
guardados allí para siempre,
y en nuestras almas.

La pequeña corta un orgullo de hortensias
cultivadas por la madre con sudor y apuro.
Juega a reyes y reinas, a amantes y novios
a todos ofrece flores como joyas generosas.

El crepúsculo espantado sorprende a miles de pétalos marchitos
como presagio del estropicio,
como el parral de hoy con sus maderas desmemoriadas.

Las uvas violetas, blancas y rosadas
cuelgan generosas llenas de dulzura y jugo.

La parra, fiel compañera,
contempla los rituales de almuerzo y cena.
Los niños se hicieron grandes
y sus sarmientos añosos no pudieron sobrevivir la pena.

La cocina angosta y larga es crisol de aromas y encuentros,
chorrean las bocas jugos sabrosos,
la comida dedicada sabe a amores, a familia, a risas
y a buenos tiempos.

En carnaval, el portón chilla,
con esfuerzo contiene el aire, se deforma y se cierra,
bebe y engorda, emana rugidos conteniendo su ímpetu,

las niñas de un lado gritan,
los niños, del otro, resoplan impotentes
frente a defensor tan obstinado.

El cuarto de las niñas es luminoso, viste de amarillo,
y suena contento a madera lustrada;
los vestidos empujan por salir de su encierro;
el esquinero, casa de muñecas,
allí durmieron por años,
y ahora juegan felices con la niña bella.

Los niños juntos,
el mayor anda y el menor es su sombra,
imitan juegos de carreras de autos,
y de veleros en las acequias.
Son libres en bicicleta,
corren por el campo,
libran batallas navales.
Sufren el dolor de la madre,
aman su coraje y
anidan su tormento.

El invierno frío se instala en la casa.
Una estufa escasa al final del pasillo,
escudo cálido que protege a los niños;
ellos bostezan y se estiran agradecidos
Uniformes azules, grises y blancos cuelgan, y se ajustan,
un moño a la cintura en la martingala de las niñas,
el aroma dulce, caliente y arropador del desayuno
canta desde adentro,
"¿todos listos? ¡vamos a la escuela!"

Los niños se hicieron jóvenes,
los amigos vistieron trajes de iglesia, de guerra
y de médicos, de constructores,
de choferes y de maestros.

Los espíritus de sus padres siempre juntos;
sus cuerpos, uno a cada lado del océano,
los jóvenes se hicieron hombres,
y se quedaron con el corazón en silencio.

Hoy la casa, vanidosa, espera su fiesta final,
la cámara atrapa a los testigos del pasado,
el sillón de la abuela con su mantilla,
el velador con las fotos de padres, hijos y nietos,
la ventana al patio,
la mesa de los domingos.

Los niños, la casa y sus secretos
llenarán de recuerdos otros libros, otros muros,
los hombres quieren que se queden en ellos
para siempre.

LA SOLEDAD

Fue hace mucho,
lo invadió todo como una plaga bíblica
con forma de mujer
y tranquilamente cruzada de piernas,
se instaló para siempre en el rincón de las cosas importantes.

Ellos sabían que de por medio había un océano,
lo surcaron de ida y de vuelta,
lo llenaron con promesas de amor
de un amor como de esos de antes de la guerra,
aferrados al momento,
esperando el reencuentro,
que no fue uno,
fueron muchos,
y muchas las guerras.

El océano arreció, los arrastró y ganó la batalla;
él volvió para siempre a su pueblo de España,
y junto a sus naranjales,
embriagó de pueblo su alma.

Ella, se hizo amiga de la soledad,
y entre historias de dolores y sinsabores,
le contaba con resignación:
"al final siempre estamos solas tú y yo".

La soledad, fortalecida en cada abril,
invadió la casa,

colándose por las cerraduras de los cuartos,
entrometiéndose en cada conversación familiar.
En señal de duelo,
las ventanas de madera de la sala de luz
entornaron sus postigos.
Entraron la oscuridad y el silencio,
testigos inmutables de tanto desconsuelo.

Los hijos, aquellos niños, propósito materno,
penetraban ese mundo con ofrendas de amor y compañía,
su rostro se iluminaba por un momento,
la sonrisa de madre satisfecha confirmaba el valor
del sacrificio sentido.
Veloz pasaba,
y nuevamente en su seno,
la recogía la soledad,
y los sueños de amor lejano y eterno.

Él murió primero,
ella contó que él vino en sueños:
él la llamaba,
y ella le dijo "te quiero".

LOS HERMANOS

Los tres mayores, graves, serios.
La pequeña de ojos de miel y almendras,
sonrisa de hoyuelos,
esperó nueve primaveras, y triunfante
entró en escena como un soplo de brisa fresca.

La gravedad cedió el paso a la gracia,
que enlazó todo y a todos,
hasta hoy, hasta siempre.

Los grandes cuidan de la pequeña,
la pequeña se hace grande,
imán y centro,
de hermanos, de sobrinos,
de Navidades y Años Nuevos.

Los hermanos tienen común el alma,
no riñen por menudencias,
de su madre han mamado el amor
como valor supremo.
Los primos, como hermanos,
han logrado zanjar océanos.

La familia canta,

todos disfrazados, alegres,

como un manto brillante y leve,

el espíritu de fiesta

y el de la unión familiar,

emergen, se posan, y vuelan libres,

y de la mano juntos para siempre.

POR SIEMPRE PEQUEÑA

Merodeo los cincuenta,
esa colina inmensa,
desde donde diviso un pasado inmutable,
con claroscuros insistentes,
y un futuro con esperanzas podadas
al nivel de lo posible.

He sabido a fuerza de experiencia
que seré una niña eterna.
Es que fui el último retoño
en una casa de gente grande.

Niñez solitaria de niños del barrio,
pero colmada de todo,
en ese hogar
donde no reinaba la abundancia.
Una muñeca barata
me dio mamá cuando cumplí cinco,
era liviana y su pelo duro,
un ojo le quedaba entornado al levantarla.

Me compadecí de mi madre,
porque quería regalarme el cielo,
pero le alcanzó para Mariana;
ese fue el nombre del juguete nuevo.

Arropé a ese monigote con más dedicación
que a sus hermanos de plástico.

La tía Elsa le tejió un abrigo celeste de bebé.
El pequeño patio de la casa de barrio
fue selva colmada de insectos, bosques,
colinas con flores exóticas, paseos románticos.

Mis hermanos, mi mundo exclusivo;
uno en el que no existía malicia,
sólo admiración, comprensión y paciencia.
Crecí habituada a que todo fuese mío:
caricias arrebatadas, juegos, risas, paseos.
Yo fui el centro del universo,
como suelen ser los niños,
pero eso nunca cambió,
ni con el asomo de la adolescencia ni de la adultez.
Mis hijos son nietos de mis hermanos,
y entre todos los primos,
ellos son ciudadanos con privilegios,
porque son hijos de 'la pequeña'.
Mi hijo Bruno, tuvo una percepción temprana
y preguntó con inocencia: '¿por qué tengo tantos abuelos?'

Mamá partió en octubre y todos la perdimos,
pero yo he quedado huérfana.
Es que soy la "pequeña", no importa la edad,
sólo la ley de la relatividad.

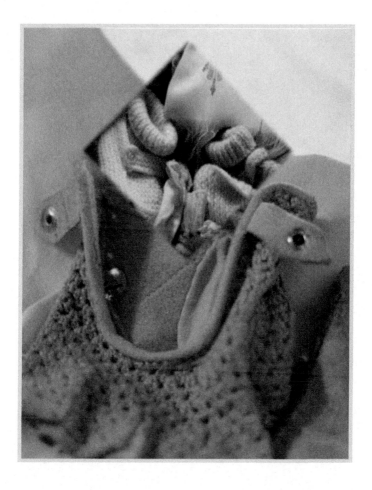

MI HIJO

Mi hijo es inmenso como un árbol
que me creció en el jardín
sin poder yo elucidar
su pasado inverosímil
de átomos,
de células,
de sol,
de aire,
de nada,
apenas de ilusión.

Mi hijo es firme como un cordón
que el médico no pudo cortar;
tiene amarrados
mi vientre,
mi corazón
y mi cabeza
a un puerto donde arreboles
y tormentas
nunca dejan de pulsear.

Mi hijo es como una ventana,
clara,
me siento a su lado
buscando un rayito de sol,
mientras veo tras el cristal
cómo se suceden las estaciones,
inexorables.

Mi hijo es ubicuo como un libro
de cien mil hojas por leer,
sobre la mesa de luz,
en la mesada de la cocina,
sobre mi plato,
en el asiento del acompañante.

Mi hijo es doloroso como una herida crónica
que camina a mi lado,
a él me he vuelto adicta;
a veces creo que soy masoquista.

Mi hijo es intenso y libre
como un poema
que sale de mi hoja
y camina por la habitación.

Mi hijo es omnipotente como un mago,
saca de adentro mío
escarabajos de oro,
conejos que hablan,
chupetines de miel,
besos sanadores de fresa,
bálsamos milagrosos,
curitas de colores,
nuevas inéditas de esperanza,
bríos de cíclope,
imaginación de embustero,
noches enteras
de vigilia serena.

Mi hijo es manso como una masa tibia,
dulce como el arroz con leche,
como chocolate entre los dientes,
singular como el perfume del otoño
hecho de hojas de arce secas
y últimas flores de madreselva,
noble como un tulipanero,
atractivo como una caja de colores nuevos.

Mi hijo es miles de hijos
que me piden justicia a gritos,
es extenso como un lago
por llenar con agua bendita,
duro como una roca
que me empeño en hacer rodar,
misterioso como un planeta;
él puede unir continentes
como un puente sobre el mar.

Mi hijo es un universo,
juega a las escondidas
con una estrella fugaz.

LOS PRIMOS

A veces están casi todos,
otras veces son pocos.
Dispersos, diversos,
poetas, ingenieros,
artistas, lectores, pilotos,
urbanos, amantes del campo,
de las letras, del lenguaje y de la historia.

Algunos conocieron a sus abuelos,
otros, casi nada.
Todos conocen a los hermanos,
que son tíos y son padres,
y consejeros y cómplices
cuando el laberinto de la vida,
se vuelve indescifrable
y la salida esquiva.

Hablan con acierto,
si los escuchamos atentos,
la vida toma nuevos sentidos,
y los prejuicios de antes
quedan al descubierto.
Son como un soplo de aventura
y nuevos tiempos.
Hablan de amores y de guerras,
 de la historia y del futuro,
de hazañas y pesares,

de la vida que canta y corre,
se ríen con historias,
huidizas las palabras, ricas en su esencia
para los mayores.

Quieren dominar el tiempo, conocer el mundo,
vivir en otros lares,
hacer lo que nosotros no pudimos
o ni siquiera soñamos.

Los primos son una hermandad,
entre ellos renuevan cada día
su confianza
en la humanidad.

HOJAS AMARILLENTAS

Me chistan unas hojas que asoman de un libro,
parecen olvidadas,
mas no son obra del azar,
son testigos de océanos contenidos con diques de papel,
que por no estallar en desoladora inundación
se transformaron en palabras,
en cartas,
en plegarias mudas,
se entregaron al tiempo
durante muchos inviernos.
Son paredes enteras vertidas en letras,
son gargantas ahogadas que intentan zafarse del verdugo.

Paso a su lado con gesto evitativo,
se dan cuenta y me miran de reojo,
entornan los párpados,
piensan que no es su momento todavía.

Vuelvo a merodear y me acongojan
retenidas entre unas páginas de ciencia,
me habían pedido auxilio desde el extravío,
para que yo las descifrara,
para verter ese dolor contenido
y que mi mente se compadeciera de duelos pasados,
me eligieron de reparo.

Me lleno de aire,

me pertrecho,
como quien va a librar una batalla con lo inexorable.

Tomo el papel y ya me embriaga
con olor a realidad vieja y sacra.
Y aparecen los trazos de antiguas lapiceras,
letras dibujadas,
palabras acalladas,
revelaciones de secretos a voces.
Algún pétalo seco,
o una línea corrida,
quizá por una lágrima.

Amores sin salida comienzan a hablar:
"Nunca dejaré de amarte...
aunque no podamos estar cerca".
La voz inaudible de algún niño escrita en su tarea
de primer grado: "Mi mamá es una enojona,
siempre está peliando"
"Quiero que papá se vaya para siempre,
si igual nunca está".

Me siento frente a la pantalla digital
con unos nuevos saberes en el alma,
¿cómo enmendar esas grietas? Como antigua vajilla,
una parte está hecha trizas, tragada por la gula del
tiempo; y otra parte,
quizás viejas cicatrices que se abren un momento y
sangran estos versos.

LA VEJEZ

Como un intruso
se sentó en un sillón de nuestra casa la vejez,
decidida a quedarse y, un día, arrebatar
a los dueños de un tiempo pasado, presente y futuro.

No es natural la vejez
cuando se cuela sin llamar,
o llega tan tarde
que nos da la ilusión
de que ese tren no pasará.

¿Cómo puede envejecer
lo que nunca claudicó?
¿Cómo pasa el tiempo para quien
era dueño de todo quehacer
y toda historia?
¿Quién marca el tic tac
y decide que es la recta final?

Cachetada inesperada e injusta
nos vino a develar que todo era tan efímero como una flor,
tan escurridizo como el agua,
relativo a la línea de tiempo y su escala,
tan incoherente como la vida,
de la que alguno dijo "es al revés",

porque naces feliz y acompañado de ilusiones y,
luego de mucho vivir y madurar,
mueres triste en la soledad de un cuerpo vacuo.

Con una máscara hiperbólica de lo bueno y lo malo,
nos mira desdentada la vejez,
nos suplica y exige
lo único que no podemos darle:
un reloj que gire para atrás.

Larga pulseada que parte los huesos,
no así la moral y el orgullo
que destellan en el fondo del alma,
pujan por dar un paso más,
comer un bocado más,
inspirar un soplido más.

En la memoria
prevalece lo vano y lo importante
con igual fragilidad,
el recién y el ayer lejano se confunden un instante,
los rostros toman otros nombres
aunque destilan el mismo cariño de antaño.
La lógica pone en jaque a la memoria,
la memoria a la lógica,
y al final,
gana la risa infantil para zanjar tamaña confusión.

Hasta a ellos, nuestros padres,
les rebasó la vejez,
los exprimió y los redujo,
los hizo una isla en silencio.

¿Adónde quedó la ciencia,
lo aprendido con esfuerzo,
la poesía, las palabras?

¿Sólo en las hojas escritas tiempo atrás?
¿En libros? ¿En el alma de sus hijos?
¿En el recuerdo endeble de unos otros?
Quizás en estos versos.

MAMÁ

Sale etérea de un frasco de perfume
que atesoro en la mesa de noche.
Me arrulla con leche tibia y aroma a bizcochuelo;
ella inventó el orden
y le concedió a los objetos su historia,
hizo florecer los jazmines
y abrió las ventanas cada día.

Su piel de sol me acaricia al mirarla,
sin siquiera rozarme.
Sus ojos son una senda inequívoca,
con flores cultivadas a fuerza de sudor silenciado y discreto.
Sus palabras vienen de un océano,
sabio y solemne.

Trabaja entre ollas, libros y aulas
En el silencio frágil de la noche estudia,
mientras los niños sueñan.

Vive una vida viva,
y vive aún sin la sangre en movimiento
porque quedaron el universo,
el océano profundo,

los perfumes a rosa y durazno,

las tazas tibias,

los bizcochos recién horneados,

los objetos en su lugar, las historias con alma,

los jazmines generosos,

las ventanas al sol,

los caminos y las flores,

las ollas,

los libros que hablan y las aulas que dan alas.

Quedamos los niños... estos hombres.

PAPÁ

No me atreví a decirlo a tiempo, padre,
más te escribí algunos reclamos
nacidos de la soberbia
y del orgullo.
Creía saber andar el camino mejor que tú.

Puse mi ojo
en lo que faltó,
en lo que hubiese querido,
en ilusiones,
en fantasías;
no te miré a ti.

Repasé las deudas,
saqué muchas cuentas
y tu saldo dio deudor.

Si puedes escucharme, padre
yo veía la eternidad por delante
y desconocía lo intrincado
del sendero.

Has decidido partir
con la misma determinación de siempre
"A tu manera", como dice la canción.

Eres demasiado libre
para volverte esclavo de esos cables.

Alguien dijo
"lo que se hereda no se roba",
y qué suerte la mía,
porque hoy,
al salir el sol,
vi un espíritu libre
que tenía tu risa,
y pusimos a prueba el humor,
mientras el aroma de comida caliente en mi cocina,
atrajo a tus nietos con cuchara a la olla.

He planeado un viaje por el mundo
porque he salido aventurera,
como mi padre,
llevo sólo una valija,
es muy poco lo que necesito.
Acompáñame, padre,
quiero andar por tu pueblo de casitas viejas
aunque volveré a mi tierra,
ella es mi verdadera dueña.

Y si me canso, padre,
me subes un rato a peteco.

DE ELLA A ÉL

A pesar de la distancia
te oí pronunciar mi nombre
una y otra vez
antes de partir

Sabías cuánto te amé...
Tu llamado
era la respuesta
de un amor
largamente silenciado.

LA MUERTE

Mi padre la llamó.
Mi madre, no pronunciaba esa palabra.
Ambos partieron en octubre,
él, en otoño; ella, en primavera.

Él se puso su mejor traje,
se sentó a esperar en el umbral de su casa de pueblo.
Todas las súplicas no alcanzaron,
decretó su sentencia de muerte, y la sostuvo,
obró según su instinto y a su manera.
A su antojo cruzó el océano de la vida,
y en aquel octubre se internó en el de la muerte, a
esfumarse en su última aventura.

Ella no quería saber
ni que le contaran de despedidas.
Hablar de la muerte le producía escalofríos.
Se había preparado un siglo para la vida,
para sobrevivir luchando;
no había óbice para su determinación,
ni fatiga para su propósito.

Una tarde la muerte le besó la frente
y la arrasó,
como una helada tardía.

Ella emitió un sonido destemplado,
su mirada penetraba el espacio, vacía.

Se estremecía y balbuceaba,
como si el mandato férreo de vivir
batallara con la naturaleza más salvaje.

La muerte nos acompañó días sentada a su lado,
sin prisa, obstinada,
mientras jugaba una pulseada invisible y silenciosa.
Se sabía ganadora
en ese irremediable final de la vida,
pero no le fue fácil,
la contrincante había librado muchas partidas.

Mi madre, que todo modeló con el ejemplo,
¿Qué querría enseñar ahora?
Nada carecía de propósito,
y en la ocasión, algo se traería entre manos,
hasta su último aliento.

Luchó, como siempre, con tenacidad,
pasaron veinte largos días,
de sopor y miradas perdidas,
de sueño y silencio,
de trabajo forzado para cada inspiración.

Su rostro se fue serenando,
hasta parecer que el aire no era necesario,

ni mirar, ni moverse,
tan sólo su alma latiendo suave
en solemne despedida.

Los hijos, jamás tan perplejos,
con el corazón apretado,
incrédulos, escépticos,
volviendo a ser niños,
como huérfanos frente al irremediable abandono,
solos por primera vez en la vida.
Cantamos a su oído frases que hubiera querido escuchar,
canciones desentonadas que antes la hacían reír:
"Amapola, lindísima amapola... no seas tan ingrata..."
queriendo adivinar un último deseo.
Apoyada en nuestro rostro,
robamos caricias de esa mano fría.

Partió una madrugada de octubre,
a solas con su verdugo,
airosa aún en su derrota.

Imagino que mora tranquila,
una lápida tiene inscripto su nombre,
mas no da cuenta
de que ella nos acompaña,
descubrió la magia para ser ubicua.

SENTIR LA VIDA

Soñé una forma de papel
Tierna, sentida, inquietante, gastada
Surcada como la vida
Rotunda como la muerte esperada

La soñaba y la leía; la atesoraba
¿Qué decía?; no recordaba
Soñé de noche y soñé de día
Deformadas horas sin ti, ¡Madre!

Soñé y descubrí
Los sueños de álamos que flamean mansos
De árboles desnudos que se recogen
Los sueños carmines de laureles rosas
De siestas de oro y acequias rumorosas

Soñando encontré
Libros de letras inglesas y de vidas
De versos marcados y de almíbar
La estampa con tus hijos abrazada
Cartas de historias desconocidas

Y, en el rincón de afán ya sosegado
Cantó la luz de tu partida
En una frase el universo develado
Y un papel con nuestros nombres
"Habré muerto cuando los haya olvidado"

LAS MANOS

Las manos de mi madre,
hablan de tiempo,
de dulces caseros,
de hojas de libros,
de aulas y de maestros.

Sarmentosas,
cruzadas por gruesos ríos azules,
moviéndose al compás de una música secreta,
silenciosas.

Siempre frías,
se acercan con afecto recatado
sin estridencias.
Temerosas del rechazo
sus caricias son tres palmaditas suaves.
Sus nudillos gruesos
guardan historias de hacer,
de apuros, sin tiempo.

Tarde de verano sobre el pasto húmedo,
juegos revolcados de besos y caricias,
las carcajadas de los nietos resuenan.
Mi madre nos escucha y observa,
sus sentidos abren una puerta,
y un susurro que nos llega al oído,
"mis manos no fueron afectuosas como son las vuestras".

Acerco mi cara a la suya,
su mano intenta su habitual palmada,
la tomo entre las mías,
la poso sobre mi mejilla,
la calmo, la beso y le digo:
"estamos juntos, nos amamos y tenemos tiempo".

De su mano sostenida por la mía
fue la última fotografía.
En mis manos hoy veo las suyas
recorridas por gruesas venas azules.
A veces se me escapan tres palmaditas,
y vuela una sonrisa,
se posa sobre una caricia larga
y muchos besos, nueva expresión aprendida.

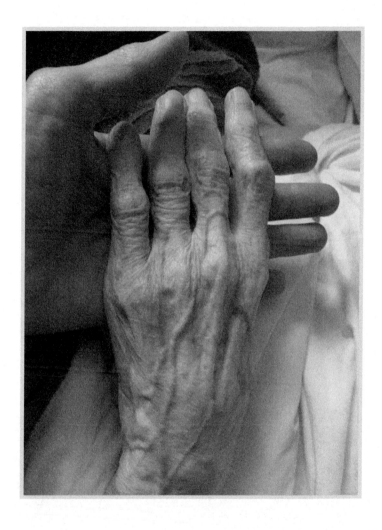

LA VIDA CONTINÚA

El tiempo circula y sorprende.

En la casa de la infancia
los niños éramos eternos,
los padres estaban ahí, asegurados,
como estamos hoy, aquí, nosotros,
esos niños, estos hombres.

Somos los abuelos, los mayores.
La vida se jugó dos tercios,
y fue tan fugaz el encuentro
que nos dejó boquiabiertos
y preocupados
por tan corto aliento.
Los hijos trajeron a los nietos.
Y con los nietos se llenó el universo.

Somos libres, trabajadores, soñadores,
escritores, lectores, caminantes,
maestros, cocineros, viajeros,
amigos y confidentes.
Ciudadanos de nuestra casa,
amantes de la tierra que acoge a hijos y nietos.

La felicidad de la prole nos desvela,

dueños abochornados de nuestros errores,

y, preocupados por cometer los que sufrimos

andamos a pies juntillas por la vida de los hijos,

y a bocanadas de amor por la de los nietos.

Su amor nos alucina;

a nosotros nos fue algo esquivo,

nuestros abuelos venían de lejos,

enfrentaban cada día armados para la guerra, decididos

a ganar un espacio a la vida.

Para nosotros eran lejanos.

Nuestros padres fueron más abuelos

que sus padres;

nosotros queremos redoblar los vientos.

MI PRIMER NIETO

Jugando en el suelo,
las preocupaciones salen veloces,
y en puntas de pie
para no ser descubiertas.
¡Oh, cómo hacer este tiempo eterno!

Sale de su escondite inventado
los pasitos con prisa imitan una carrera
la boca vuela en una risa dulce y contagiosa.
Se lanza hacia mí en un abrazo,
me arranca mil besos y mil sonrisas.
Agradezco por estar viva.

Acomoda su cabeza en mi hombro,
su olorcito tierno nos entrelaza,
canto las canciones muchas veces cantadas.
Mi hijo nos observa con mirada tierna,
quizás recuerda.

Un castillo de legos,
una pista de autos de carrera,
un autito a control remoto,
bailando al compás de "Oh Susana…"
las carcajadas de su boca
con cuatro dientes arriba y tres abajo;
mi corazón resuena,
y se llena de este amor y de todos los amores
que nos trajeron a esta ribera.

Printed in Great Britain
by Amazon